Heike Nieder

Das große
Gute-Nacht-Geschichten-Buch

Die Deutsche Nationalbibliothek verzeichnet diese Publikation
in der Deutschen Nationalbibliografie; detaillierte bibliografische Daten
sind im Internet unter http://dnb.d-nb.de abrufbar.

© 2019 Anaconda Verlag GmbH, Köln
Alle Rechte vorbehalten.
Umschlagmotiv und Illustrationen:
Katharina Staar, www.fraeuleinkaethe.de
Umschlaggestaltung: Irina Klass
Satz und Layout: Achim Münster, Overath
Printed in Slovakia 2019
ISBN 978-3-7306-0780-0
www.anacondaverlag.de
info@anacondaverlag.de

Heike Nieder

Das große Gute-Nacht-Geschichten-Buch

Illustriert von Katharina Staar

Anaconda

Für Jakob, Nelly und Timon

Inhalt

Gähn-Alarm
in Grimmelshausen

Als Herr Meier mit dem Nachtzug nach Grimmelshausen zu Frau Huber fuhr, tat er unterwegs vor Aufregung kein Auge zu.

Am frühen Vormittag kam er an und war sehr müde. Frau Huber wartete am Bahnsteig. Sie hatte sich die Haare zu feinen Löckchen gedreht. Und neue Schuhe hatte sie sich auch gekauft. Herr Meier ging zu Frau Huber und das erste, was er zu ihr sagte, war: »Guten MorGÄHN!«

Ups, das war ihm aber unangenehm. Da hatte er der Frau Huber mitten ins Gesicht gegähnt. Und dabei hätte er ihr viel lieber ein kleines Küsschen auf die Wange gehaucht.

Frau Huber schaute ein wenig erstaunt drein, aber dann lächelte sie.

»Hast du nicht gut geschlafen?«, fragte sie Herrn Meier und hakte sich bei ihm unter. Herr Meier

wollte »Nein« sagen, aber stattdessen gähnte er schon wieder.

»Dann holen wir uns am besten erst mal ein leckeres Frühstück, davon wirst du munter«, bestimmte Frau Huber. Herr Meier nickte. Jedes Mal, wenn er den Mund aufmachte, kam ein Gähnen heraus.

Frau Huber führte ihn zur Bäckerei am Bahnhofsplatz. »Magst du auch ein Milchbrötchen?«, fragte sie. Herr Meier gähnte. Frau Huber ging kopfschüttelnd in den Laden. Sie stellte sich an und als sie an der Reihe war, öffnete sie den Mund. Aber … wie peinlich! Statt zwei Milchbrötchen zu bestellen, gähnte sie lauthals über die Theke. Die Verkäuferin zuckte erschrocken zurück. Frau Huber verließ schnell den Laden. Aus den Augenwinkeln sah sie noch, wie die Verkäuferin weit den Mund aufriss, bevor sie den nächsten Kunden bediente.

Frau Huber und Herr Meier gingen stumm die Straße entlang in Richtung Park. Miteinander reden konnten sie nicht. Stattdessen gähnten sie um die Wette. Im Park wurden sie von einer jungen Frau mit Kinderwagen angehalten, die nach dem Weg zum nächsten Biosupermarkt fragte. Frau Huber gähnte, Herr Meier gähnte. Und die Frau gähnte zurück. Frau Huber und Herr Meier gingen schnell weiter. Die junge Frau wunderte sich. Das Kind im Kinderwagen gähnte.

Endlich setzten sich Frau Huber und Herr Meier auf eine Bank. Sie rückten ganz eng zusammen und Herr Meier legte vorsichtig den Arm um Frau Huber. Eigentlich brauchte ihr Glück gar keine Worte.

In Grimmelshausen aber war inzwischen die Polizei alarmiert. Denn der Kunde, den die Verkäuferin in der Bäckerei vorhin angegähnt hatte, war der Schulbusfahrer gewesen. Und der war anschließend seinerseits gähnend bei der Arbeit erschienen. Sein Chef wollte ihn in diesem Zustand nicht fahren lassen. Und deshalb kamen die Kinder nicht zur Schule. Die Direktorin saß alleine im Schulhaus und machte sich Sorgen. Die Polizei sollte die fehlenden Kinder suchen.

Auch in dem Biosupermarkt, den die junge Frau nach ihrer Begegnung mit Frau Huber und Herrn Meier aufgesucht hatte, ging Ungewöhnliches vor sich.

Der Mann an der Kasse, den die junge Frau mehrmals angegähnt hatte, musste nun ebenfalls so häufig den Mund aufreißen, dass er nicht mehr zum Arbeiten kam. Es entstand eine Schlange bis

ganz hinten im Laden. Die Leute ärgerten sich.
Und fingen nacheinander an zu gähnen.

Inzwischen fuhren in Grimmelshausen keine
Busse mehr. Zwar saßen die Busfahrer brav hinter
ihren Lenkrädern. Aber keiner konnte fahren.
Denn alle hatten zuvor ihren Kollegen, den Schulbusfahrer, begrüßt. Nun hielten sie sich die Hände
vor die offenen Münder.

Das Chaos in dem kleinen Städtchen blieb auch
dem örtlichen Doktor nicht verborgen, der, wie es
der Zufall wollte, Spezialist für Schlafkrankheiten
war. Als seine Patienten, anstatt ihm ihr Leiden zu
schildern, nur noch vor sich hin gähnen konnten,
rief er im Krankenhaus an.

Er hatte Glück: Es gab dort tatsächlich noch jemanden, der reden konnte. Ihm befahl er: »Alle Gähner müssen unverzüglich in Quarantäne gesteckt werden. Gähnen ist hochansteckend!« Dann legte er auf. Er musste gähnen.

Es dauerte nicht lange und es jagten mehrere Einsatzwagen mit Blaulicht durch Grimmelshausen. In jedem Auto saßen zwei Sanitäter. Einer, der fuhr, und der die Gähner nicht anschauen durfte, damit er sich nicht ansteckte. Und einer, der ausstieg, um die Betroffenen in den Wagen zu lotsen. Logisch, dass der sich auch ansteckte. Kurz bevor er vor lauter Gähnen nicht mehr laufen konnte, waren alle Gähner eingesammelt. Im Krankenhaus musste sich jeder in ein Bett legen, wo er bis zum nächsten Tag schlafen sollte. Das sei die beste Therapie, hatte der Arzt gesagt.

Einzig Frau Huber und Herrn Meier hatten die Sanitäter vergessen. Die saßen immer noch eng umschlungen auf ihrer Parkbank. Keiner sagte ein Wort. Sie lächelten. Und schliefen.

Die Nachtfalter

Wer faltet bei euch zu Hause eigentlich die Wäsche? Ich frag nur so, denn bei uns hat es deswegen im letzten Jahr ganz schön Streit gegeben. Dabei war das mit den Nachtfaltern gar nicht so schlimm gewesen, fand ich.

Meine Mutter hat an lauen Sommerabenden im Wäschezimmer (das ist da, wo bei uns die Wäschekörbe stehen) immer das Licht angeschaltet und das Fenster gekippt. Dann ist sie schlafen gegangen und mein Vater sowieso.

Am nächsten Morgen waren alle Kleidungsstücke, die am Abend zuvor noch zerknittert in den Körben gelegen hatten, fein säuberlich zusammengefaltet. Von wem? Na eben von den Nachtfaltern! Das sind kleine Gestalten in hellbraun gemusterten Mänteln, die nachts dahin fliegen, wo es hell ist. Und wenn es dort was zu falten gibt, dann falten sie. Meine Mutter hatte das irgendwann einmal zufällig herausgefunden, als sie abends vergessen

hatte, das Licht im Wäschezimmer aus- und das Fenster zuzumachen. Von da an hat sie die Lampe dann absichtlich brennen gelassen.

Eine Weile hat das super geklappt. Meine Mutter hat sich total über die neue Hilfe gefreut, denn sie hatte jetzt mehr Zeit für andere Dinge. Aber dann blieb über Nacht mal die Tür zwischen Wäschezimmer und Wohnzimmer offen. Im Wohnzimmer steht ein Aquarium, das ist bis Mitternacht beleuchtet. Auf dem Tisch lagen die Hausaufgaben meines Bruders. Na, ihr könnt euch denken! Am nächsten Morgen war das Geschrei groß. Seine ganzen Aufgabenblätter waren klitzeklein zusammengefaltet. Und er hatte doch so eine strenge Lehrerin, die das gar nicht lustig finden würde! Oh, da war mein Bruder aber sauer! Und mein Vater auch.

Nach einigen Tagen hatten sich alle so allmählich wieder beruhigt. Meine Mutter hat abends wieder dafür gesorgt, dass die Nachtfalter ins Wäschezimmer kommen. »Wenn da mal nicht einer einbricht und unsere Wertsachen stiehlt!«, hat mein Vater gemurrt. Meine Mutter blieb gelassen: »Welche Wertsachen?« Mein Vater hat irgendetwas Unverständliches gegrummelt und ist die Treppe hochgestiegen.

Am darauffolgenden Morgen wollte meine Schwester ihren neuen Seidenrock anziehen, den sie am Tag vorher noch mühevoll gebügelt hatte. Als sie ins Wäschezimmer kam, wo sie den Rock aufgehängt hatte, erstarrte sie.

»Was ist das denn?«, kreischte sie.

Die Nachtfalter hatten aus dem wunderbar geglätteten Rock einen Faltenrock gemacht. Ich muss sagen, er sah gar nicht so übel aus. Die Falten waren wie mit dem Lineal gezogen, exakt parallel zueinander. Doch meine Schwester war anderer Meinung. Sie heulte vor Wut. Und zog ihre Jeans vom Vortag an.

Da gab es dann schon drei Leute in unserer Familie, die etwas gegen die Nachtfalter hatten: mein Bruder, meine Schwester und natürlich mein Vater. Dass ihn die Kreaturen, die nachts in unserem Haus werkelten, störten, war nicht zu übersehen.

Dann kam meine Oma zu Besuch. Mein Vater erzählte ihr von den Nachtfaltern. »Ich habe früher von Herzen gerne für meine Familie die Wäsche gefaltet!«, sagte sie in Richtung meiner Mutter.

»Da hörst du's!«, rief mein Vater. Meine Mutter sagte gar nichts. Abends schaltete sie das Licht im Wäschezimmer an und öffnete das Fenster.

Morgens wachte ich von einem grellen Schrei aus dem Badezimmer auf. Erschrocken sprang ich aus dem Bett. Was war passiert? Meine Oma kam mir entgegen, kreidebleich und zugegeben etwas zerknautscht. Sie hatte wohl in der Nacht komisch auf dem Kissen gelegen.

Doch ihre Erklärung war eine andere. »Ich bin gestern Abend beim Lesen eingeschlafen. Die Nachttischlampe war die ganze Nacht an!«, rief sie.

»Und?«, fragte ich.

»Siehst du es nicht?«, erwiderte meine Oma. »Sie waren bei mir! Schau dir meine Haut an!«

Jetzt war auch der Rest meiner Familie aufgetaucht.

»Du siehst doch genauso aus wie immer«, sagte meine Mutter trocken. Mein Vater blickte sie missbilligend an.

»Was ist denn mit deiner Haut, Mutter?«, fragte er meine Oma.

Die erklärte, das seien die Nachtfalter gewesen, sie seien in der Nacht in ihr Zimmer geflogen und hätten ihre Haut in Falten gelegt. Meine Schwester prustete los, mein Bruder fing an zu kichern. Oma guckte beleidigt drein. Dann sagte sie zu meinem Vater: »Sprich ein Machtwort!«

Seitdem schaltet meine Mutter im Wäschezimmer abends nicht mehr das Licht an und stellt auch kein Fenster mehr auf Kipp. Zeit für andere Dinge hat sie trotzdem. Die Wäsche im Wäschezimmer faltet nämlich seitdem – mein Vater.

Babysitting mit Carl

Eigentlich hatten Mama und Papa vorgehabt, einmal die Woche ins Theater zu gehen. Aber daraus wurde nichts. Wegen Carl. Er hat jetzt donnerstags immer schon was vor.

Carl ist der Bruder meiner Mama und wohnt gar nicht weit weg von uns. Er selbst hat noch keine Kinder, aber er traue sich das mit dem Babysitting durchaus zu, hatte er meiner Mama am Telefon gesagt. Meine Mama hatte ihm vorher versichert, dass wir »gaaanz pflegeleicht« seien und dass wir uns »quasi selbst ins Bett« brächten.

Na ja, hab ich mir da gleich gedacht, ganz so ist es dann doch nicht. Vor allem Timmi bringt sich noch nicht wirklich selbst ins Bett. Der ist nämlich erst zwei. Auch Lara muss man mit ihren fünf Jahren noch deutlich sagen, wann sie sich ihren Schlafanzug anziehen soll und die Zähne putzen.

Aber sie bringt sich doch schon ein klitzekleines bisschen mehr selbst ins Bett als Timmi. Ich heiße Jonas und bin neun. Dass ich mich schon selbst ins Bett bringe, ist logisch. Also eigentlich.

Aber ich hab nichts von meinen Zweifeln gesagt, weil ich Mama und Papa nicht die Vorfreude auf ihren Theaterabend verderben wollte. Dann kam der Donnerstag und um halb sieben stand Carl vor der Tür. Wir saßen gerade beim Abendbrot. Papa machte Carl ein Bier auf und betonte wieder, was für brave und absolut unkomplizierte Kinder wir seien. Dann kam Mama aus dem Bad. Timmi fing an zu brüllen. Er hatte den Braten schon gerochen. Dass er Mama mit seinen fettigen Käse- und Wurstfingern jetzt nicht mehr anfassen durfte, machte die Sache nicht besser.

Carls Lächeln verrutschte ein bisschen. »Am besten, wir gehen sofort, dann gibt es am wenigsten Stress«, sagte Mama. »Carl, die Kinder sollten um acht im Bett sein. Vorher Zähneputzen, Waschen, Gute-Nacht-Geschichte. Wie bei uns früher.« Carl nickte. Mama umarmte ihn, dann nahm sie ihre Handtasche. Sie warf uns Kusshändchen zu und verließ mit Papa die Wohnung.

Ich mag meinen Onkel, er ist witzig und kann gut Fußball spielen. Wir treffen ihn gelegentlich im Biergarten. Abends hat er noch nie auf uns aufgepasst. Zunächst einmal lief es richtig gut. Timmi hat sich schnell beruhigt und patschte weiter mit seinen Fingern im Essen rum. Meine Schwester tröpfelte den Inhalt ihres Wasserglases aufs Brot, sie war sehr konzentriert bei der Sache. Die Pfütze auf ihrem Teller wurde größer und größer. Ich schielte zu Carl herüber. Aber der blieb locker. Cool, so ein Abend mit ihm, dachte ich. Er schaute sich das Gematschte eine Weile an, dann sagte er: »Ich glaube, ihr seid satt.«

Lara nickte und rutschte vom Stuhl. »Geh Kacka machen«, nuschelte sie.

»Okay…«, erwiderte Carl. Ich sah ihm an, dass er nicht wusste, was das mit ihm zu tun hatte.

»Du musst sie abputzen«, erklärte ich.

»Oh«, sagte er.

Dann widmete er sich Timmi. Der war von der Nasenspitze bis zum Hals mit Butter und Frischkäse verschmiert.

»Da drüben hängt ein Waschlappen«, sagte ich. Allerdings hasst Timmi es, wenn man ihn nach dem Essen abwischt. Die Einzige, die das ab und zu ohne Geschrei hinkriegt, ist Mama. Aber die war nicht da. Timmi sah also den Lappen und plärrte los.

»Wir müssen dich doch sauber machen, Timmi-lein«, sagte Carl mit sanfter Stimme. Mein Bruder sah das offensichtlich anders. Er kletterte flugs von seinem Stühlchen und zischte zu Lara ins Bad.

»Vielleicht wäscht er sich gleich mit Lara«, meinte ich.

Carl nickte. »Ziehst du deinen Schlafanzug an?«, fragte er.

»Klar«, antwortete ich und ging ins Wohnzim-mer. Vorm Schlafanzuganziehen wollte ich noch ein paar Schussübungen machen.

»Ich bin fertig mit Kacka machen!«, tönte Laras Stimme über den Flur. Carl lief ins Bad, ich hinter-her. Ich wollte nichts verpassen. Timmi saß auf dem Boden und verteilte den Inhalt des Seifen-spenders auf den Fliesen.

»Hör auf, Timmi«, sagte ich.

»Nein!«, rief Timmi.

Er schob die Unterlippe vor und klammerte sich an den Seifenpender.

»Doch!«, rief ich noch lauter.

»So«, unterbrach uns Carl mit rotem Gesicht, als er mit Lara fertig war und sich wieder aufrichtete. »Abspülen und Hände waschen.«

Er machte selbst einen Schritt zum Waschbecken und latschte mitten in die Seife.

»Aaahhhh«, schrie er. Dann kam ein lautes Bumms. Carl war ausgerutscht und saß jetzt direkt neben Timmi auf dem Boden. Der hatte sich so erschreckt, dass er lautstark anfing zu brüllen.

»Was war das denn?«, rief Carl lauter als gewöhnlich. Darüber erschrak Timmi sich noch mehr. Er schrie aus Leibeskräften, mit kleinen Atemaussetzern zwischendrin. Carl guckte ihn entsetzt an. Er wollte Timmi in den Arm nehmen. Der wehrte sich und wischte dabei Rotze, Frischkäsereste und Sabber an Carls T-Shirt ab.

»Das war Seife«, antwortete Lara gelassen auf Carls Frage und planschte weiter im Waschbecken. Sie hatte sich ein paar Gummitiere aus der Badewanne geholt und zielte damit auf den Spiegel. Carl stand auf und stöhnte. Timmi schluchzte. Lara spritzte. Und ich stand in der Tür.

»Wolltest du nicht deinen Schlafanzug anziehen?«, fragte Carl erschöpft. Ich nickte. Ich zog mich schnell um und ging dann wieder ins Wohnzimmer. Dieser eine Hochschuss musste mir einfach noch gelingen.

Von weitem hörte ich die erfolglosen Versuche Carls, Timmi ruhig zu kriegen. Dann plötzlich Laras laute, energische Stimme: »Timmi, willst du Gummibärlis?«

Augenblickliche Stille. Lara sprintete in die Küche, stieg auf einen Stuhl und kam tatsächlich an das oberste Regal mit dem Süßigkeitenglas heran. Das war sonst verboten. »Wie viele?«, fragte sie Timmi, der hinterhergelaufen kam. Ich sah von Weitem, wie Lara Timmi das Glas gab. Der kippte es auf dem Boden aus und fing an, die Bärchen in sich reinzustopfen. Lara saß zufrieden daneben. Carl humpelte zu ihnen in die Küche.

»Timmi mag Gummibärlis«, sagte Lara. Carl nickte ergeben.

Ich konzentrierte mich wieder auf meinen definitiv letzten Schuss des Tages. Ein 1A-Hochschuss. Klirr, schepper, rumms. Carl stürzte ins Wohnzimmer.

»Ups«, sagte ich. Mama hatte die CDs ganz oben auf den Schrank gelegt, damit Timmi sie nicht auseinandernimmt. Tja, das hatte ich jetzt mit meinem Hochschuss erledigt. Sämtliche CDs und ihre Hüllen lagen nun auf dem Boden verstreut. Die Hüllen teilweise kaputt.

»Wie ist das denn passiert?«, fragte Carl, hörbar angestrengt. Anscheinend tat ihm immer noch sein Popo weh von dem Sturz eben. Ich deutete auf den Stoffball, mit dem ich im Wohnzimmer immer kicke.

»Das darf ich«, sagte ich schnell. »Ich schieß immer nur ganz leicht.«

Carl seufzte. »Das sieht man«, sagte er.

Ich hab die Hüllen und die CDs dann eingeräumt. Es war inzwischen halb neun. Die Kleinen hatten noch keinen Schlafanzug an, Zähne waren noch nicht geputzt, von der Gute-Nacht-Geschichte ganz zu schweigen. Ich nahm die Sache in die Hand.

»Lara, Timmi, Schluss jetzt«, rief ich. »Wenn ihr jetzt nicht kommt, sag ich alles der Mama.«

Lara sprang auf. Sie zischte ins Kinderzimmer und zog ihren Schlafanzug an. Timmi blieb sitzen. Er miefte.

»Oh nein«, sagte ich.

Carl kam in die Küche. »Was ist denn?«, fragte er ängstlich.

»Timmi hat die Hosen voll«, sagte ich.

Carl ging zu Timmi, der krallte seine Hände in die Gummibärchen. Mein Onkel nahm ihn unter Ächzen hoch und schleppte ihn samt Gummibärchen ins Kinderzimmer. Die Gummibärchen waren echt eine Geheimwaffe. Timmi schrie kein bisschen, obwohl er wickeln blöd findet. Er lag nur da und mampfte. Nachdem Carl ihn frisch gemacht hatte, legte er ihn sofort mitsamt den restlichen

Gummibärchen ins Bett. Dann machte er die Tür zu.

»So«, sagte er erleichtert. Von Timmi hörten wir keinen Mucks mehr.

Uns machte er dann eine CD an. Selbst Lara konnte sich damit abfinden, dass es heute keine Vorlesegeschichte mehr gab. Allein, dass sie jetzt schon eine Stunde länger aufgeblieben war als sonst, war Entschädigung genug.

Ich lag noch lange wach und hörte, wie meine Eltern spät nach Hause kamen.

»Und, wie war's?«, fragte Mama.

»Och…«, sagte Carl.

Mama schien das als Antwort zu genügen. »Hab ich dir doch gesagt, die bringen sich quasi selbst ins Bett. Nächste Woche, gleicher Tag, gleiche Zeit?«

Fritzchen ist nicht müde

Muss mein Lego-Haus noch bauen!
Muss die Schwester noch verhauen!
Muss die Sticker noch aufkleben.
Muss den Abend noch erleben!

Habe noch so viel zu tun.
Keine Zeit, mich auszuruh'n!
Sitz' so gern auf dem Parkett.
Find' es schöner als im Bett.

Nur, um es kurz zu erwähnen:
Ich muss ziemlich wenig gähnen.
Von Müdigkeit gibt's keine Spur.
Ihr glaubt mir nicht? Pah, lächelt nur!

Gut, so'n weiches Kuschelkissen,
tut mein Popo schon vermissen.
Der Boden hier hat so 'ne Art …
Er ist auf Dauer doch recht hart.

Ok, dann leg ich mich halt hin.
Obwohl ich gar nicht müde bin!
Nur deshalb, weil ich ziemlich frier'.
Jetzt brauche ich mein Kuscheltier.

Dann macht das Licht halt aus, wenn's muss!
Gebt mir noch 'nen letzten Kuss.
So weich ist das und warm und … Ach!
Ich bleibe aber trotzdem wach!!!

Herr Alb
und Frau Wunsch

Kasimir träumt in letzter Zeit häufiger von Bergtouren. Auch von Murmeltieren. Und von Hüttenübernachtungen. Das ist kein Zufall. Sondern liegt daran, dass Herr Alb und Frau Wunsch an einem Abend mal sehr unvorsichtig waren.

Kasimir hatte sich wie immer mit seinem Lieblingsstoffhund im Arm auf sein Kissen gekuschelt, die Augen geschlossen und an etwas Schönes gedacht.

Das war sein Geheimrezept für gute Träume. Einfach kurz vor dem Einschlafen an den Zoo denken, den letzten Geburtstag oder an Weihnachten.

Er war schon halb eingeschlafen, als er plötzlich ein aufgeregtes Flüstern vernahm. Es kam vom Fußende seines Bettes. Kasimir blieb ganz ruhig liegen und wagte nicht, die Augen zu öffnen. Da, jetzt hörte er es ganz deutlich.

»Frau Wunsch, ich sage das jetzt zum letzten Mal: Heute komme ich mal an die Reihe!«

»Das denken SIE, Herr Alb. Solange der Junge vor dem Einschlafen an etwas Schönes denkt, DÜRFEN Sie das gar nicht!«

»Aber Frau Wunsch, das ist ungerecht! Sie sind jeden Abend dran und ich nie!«

»Tja, Herr Alb, vielleicht gehen Sie mal zu Herrn Müller nach nebenan. Der hat heute wieder seine Kinder angeschrien. Dem würde Ihre Anwesenheit in der Nacht mal ganz gut tun.«

»Frau Wunsch, Sie wissen genau, dass ich das nicht darf. Jeder Mensch hat seine eigenen Traumgestalten, da kann ich nicht einfach rüber gehen zu Herrn Müller. Ich muss hier bleiben!«

Kasimir hörte ein empörtes Schnauben. Dann eine Weile nichts mehr. Vorsichtig machte er die Augen auf und spähte in die Dunkelheit. Da sah er sie! Auf den beiden Bettpfosten saßen zwei kleine weiße Gestalten. Die eine trug eine weiße Zipfelmütze, einen altmodischen Pyjama und einen langen weißen Bart. Sie hatte die Arme über der Brust verschränkt und schaute ihr Gegenüber herausfordernd an. Die andere hatte eine Haube auf dem Kopf und ein langes Nachthemd an. Gerade als sie den Mund öffnete, um etwas zu entgegen, musste

Kasimir laut niesen. Die beiden erstarrten und blickten zu ihm herüber.

Kasimir nahm all seinen Mut zusammen. »Wer seid ihr?«, fragte er.

Stille. Dann schimpfte die mit der Haube: »Er hat uns gehört! Nur weil Sie sich mit Ihren Ansprüchen mal wieder nicht zurückhalten konnten!«

»Wie bitte? Immer wenn es nicht so gut läuft, bin ich schuld! Das lasse ich mir nicht länger gefallen!«, blaffte der Bärtige zurück.

Da musste Kasimir lachen. »Was meinst du damit?«

Die mit der Haube seufzte. »Er meint damit, dass du uns eigentlich gar nicht hören darfst. Geschweige denn sehen. Wir müssen eigentlich warten, bis du schläfst, dann erst kommt unsere Zeit.«

»Aha«, sagte Kasimir. Er hatte nichts verstanden.

Der Bärtige räusperte sich. »Am besten, wir stellen uns zu allererst einmal vor«, sagte er. »Gestatten, Alb mein Name. Meines Zeichens verantwortlich für schlimme Träume. Die sind nach mir benannt.«

Kasimir schluckte. Er hasste schlimme Träume.

Da meldete sich die mit der Haube: »Und ich bin Frau Wunsch. Meines Zeichens verantwortlich für schöne Träume.«

Das hörte Kasimir schon lieber. Er dachte an Geburtstagsfeste und Geschenke unterm Weihnachtsbaum. Dann fragte er: »Und warum habt ihr euch gestritten?«

»Weil du schon so lange keinen Albtraum mehr hattest. Ich hab schon seit Monaten nichts mehr zu tun!«, beklagte sich Herr Alb.

»Tja«, sagte Frau Wunsch. »Vielleicht müssen Sie Ihren Beruf wechseln!«

»Oder den Namen!«, fiel Kasimir ihr ins Wort.

Frau Wunsch sah ihn erstaunt an. »Das ist es, Kasimir! Du hast recht!«

»Womit hat er recht?«, fragte Herr Alb säuerlich.

»Dass Sie Ihren Namen ändern müssen! Vielleicht reicht sogar ein Buchstabe. Wenn Sie zum Beispiel zu einem ALPTRAUM würden, mit P wie in dem Wort ALPEN, könnten Sie dafür sorgen, dass Kasimir von schönen Ausflügen in die Berge träumt. Er könnte im Traum auf einer Hütte übernachten und Murmeltiere sehen.«

»Au ja!«, rief Kasimir.

Herr Alb überlegte. »Hmm … aber dann wacht ja keiner mehr schweißgebadet auf, wenn ich da bin«, sagte er. »Und niemand wimmert mehr im Schlaf meinetwegen.«

»Es hat eh schon seit Ewigkeiten keiner mehr Ihretwegen im Schlaf gewimmert«, sagte Frau Wunsch bestimmt. »Mit Ihrer Namensänderung wäre doch jedem geholfen. Kasimir hätte keine Albträume und wir müssten uns nicht mehr streiten.«

Herr Alb wiegte den Kopf. »Aber würden wir uns da nicht trotzdem in die Quere kommen, Frau Wunsch? Ich wäre ja dann streng genommen auch eine Art Wunschtraum …«

Frau Wunsch schüttelte den Kopf. »Für alle Träume, die mit schönen Erlebnissen in den Bergen zu tun haben, sind in Zukunft Sie zuständig. Ich verspreche, mich rauszuhalten.«

Herr Alb sagte nichts. »Ich denk drüber nach«, brummte er schließlich.

»Sehr gut«, antwortete Frau Wunsch. »Und damit Sie genug Zeit zum Nachdenken haben, pausieren Sie diese Nacht nochmal.«

Sie blickte zu Kasimir. »So, und du solltest jetzt wirklich schlafen. Vielleicht denkst du zur Abwechslung mal an einen Besuch im Schwimmbad?«

Das fand Kasimir eine gute Idee. Er kuschelte sich in seine Decke, drückte seinen Lieblingshund an sich und schloss die Augen. Schwimmbad … darauf hätte er wirklich mal wieder Lust. Oder … wie wär's mit einem Bergsee?

Die
Schnarchdose

Eigentlich gibt es nichts, was mein Bruder Otto nicht schon erfunden hätte. Ich meine, er erfindet eigentlich alles, was man so braucht. Meine Mutter sagt zwar, Otto erfinde alles, was man NICHT braucht, aber sie ist halt erwachsen und hat deshalb einen vollkommen falschen Blick auf die Dinge.

Ganz cool war zum Beispiel die ferngesteuerte Stinkersocke, die wir unserer Lehrerin aufs Pult gelegt haben. Oder das Radiergummi mit Musik. Oder … aber nein, ich schweife ab. Denn heute will ich erzählen, wie Otto die Schnarchdose erfunden hat. Schließlich soll das hier ja eine Gute-Nacht-Geschichte werden.

Angefangen hat alles damit, dass uns Oma für zwei Tage besucht hat. Sie kam an und war total erkältet. »Heute Abend leg ich mich mit euch zusammen ins Bett«, sagte sie. »Ich muss mich ausruhen.«

Wir wussten noch nicht, ob wir das gut oder schlecht finden sollten. Schließlich würde Oma bei uns im Zimmer schlafen. Und für gewöhnlich quatschen Otto und ich abends noch ein bisschen, nachdem Mama das Licht ausgemacht hat. Aber so ein kleines Gute-Nacht-Pläuschchen mit Oma im Dunkeln könnte ja auch ganz nett werden, dachten wir.

Irgendwann gegen halb neun lagen wir dann alle in unseren Betten, beziehungsweise Oma lag auf der Gästematratze, und ich wollte Otto gerade fragen, wie wir uns morgen die Mathestunde ein bisschen versüßen könnten. Da ging es los. Aus Omas Richtung hörten wir ein Knurren, ein Röcheln, ein Japsen. Dann kurze Zeit nichts. Dann wieder: Knurren, Röcheln, Japsen. Ich lag da wie versteinert. Was war das denn?

Da meldete sich Otto: »Oh man! Wo hat Oma denn so schnarchen gelernt?« Puh, dachte ich. So hört es sich an, wenn Oma schnarcht? Das würde keine angenehme Nacht werden.

»Das geht nicht«, beschloss Otto. Er stand auf und durchwühlte seine Krimskramskiste. »Da ist sie ja«, sagte er irgendwann.

»Da ist wer?«, fragte ich.

»Der wichtigste Bestandteil meiner neuesten Er-findung«, antwortete Otto. Er kam zu mir ans Bett und ich erkannte die schattenhaften Umrisse einer Konservendose. Ich wartete ab. Man durfte Otto nicht stören, wenn er gerade etwas erfand. Das wusste ich aus jahrelanger Erfahrung. Otto schlich an Omas Bett und hielt ihr die Dose vors Gesicht. Oma knurrte, röchelte, japste. Otto zog die Dose weg und legte flugs eine Pappe obendrauf. Oma drehte sich zur Seite. Das Schnarchen hatte aufge-hört.

»Wie hast du das denn gemacht?«, staunte ich.

»Hast du doch gesehen«, sagte mein Bruder. »Omas Schnarchen ist jetzt hier in der Dose drin.«

Er befestigte das Pappestück mit Tesafilm an der Dose, sodass die Öffnung verschlossen war und Omas Schnarchen nicht wieder entwischen konnte. Anschließend wickelte er alles zusammen noch in ein großes Tuch ein.

»Zur Sicherheit«, sagte er.

Wir schliefen recht gut in der Nacht. Nur einmal bin ich aufgewacht, weil Oma sich schnäuzen musste. Aber geschnarcht hat sie nicht mehr. Am nächsten Morgen schmuggelte Otto die Dose in seinen Schulranzen. Dann sind wir los.

Gleich in der ersten Stunde hatten wir mein Hassfach: Mathe. Frau Kunz, unsere Lehrerin, kannte keine Gnade. Wie viel ist 6 mal 8? fragte sie, kurz nachdem wir »Guten Morgen« gesagt hatten. Sie guckte mich an. Mir wurde heiß.

Da ertönte plötzlich ein lautes Knurren. Dann ein Röcheln. Und schließlich ein Japsen. Frau Kunz zuckte zusammen. Ich schaute zu Otto herüber. Er grinste. Es war jetzt ganz still in der Klasse. Da hörten wir es wieder. So aus dem Zusammenhang gerissen konnte man noch schlechter erkennen, dass es ein Schnarchen war als abends im Bett, fand ich. Die ersten Kinder fingen an zu lachen. Auch Frau Kunz hatte sich gefangen. Sie sah sich suchend um. Ihr Blick blieb an meinem Bruder hängen.

»Otto, was hast du unter deiner Bank?«, fragte sie. Otto setzte seine Unschuldsmiene auf. Die Dose hatte er wieder in seinem Ranzen verstaut.

Ich hatte nochmal Glück gehabt. Dank der Schnarchdose hatte Frau Kunz vergessen, wen sie eigentlich an die Reihe nehmen wollte. Ich kam ohne Kopfrechenanstrengungen über den Vormittag.

Wir sind dann gleich nach der Schule nach Hause gegangen, Oma hatte gekocht. Es ging ihr schon besser.

»Hab ich eigentlich letzte Nacht geschnarcht?«, fragte sie. »Das passiert mir manchmal, wenn ich erkältet bin.«

Otto und ich sahen uns an.

»Och, nur ein bisschen, Oma«, antwortete ich dann.

»War gar nicht schlimm«, ergänzte Otto. Oma war beruhigt.

Nach dem Essen verabschiedeten wir uns nach draußen. Otto nahm die Schnarchdose mit. Er hatte sie in einen Stoffbeutel gepackt.

»Was machen wir jetzt?«, fragte ich erwartungsvoll.

Otto zeigte auf unsere Nachbarin, Frau von Löwenburg. Sie war gerade dabei, mit ihrem klitzekleinen Minidings von Hund das Haus zu verlassen. Sie ging jeden Tag mehrmals mit ihm Gassi. Wenn niemand schaute, ließ sie ihn in unseren Vorgarten kacken. Mama hatte sich schon oft darüber aufgeregt, aber wenn man Frau von Löwenburg darauf ansprach, stritt sie alles ab.

Wir duckten uns hinter die Mülltonnen. Frau von Löwenburg schaute sich um, dann hielt sie etwa fünf Meter von uns entfernt auf dem Gehsteig. Der Winzlingshund machte sich unter unserer Thuja-Hecke zu schaffen.

Plötzlich ertönte ein Knurren. Dann ein Röcheln. Schließlich ein Japsen. Frau von Löwenburg erschrak, sie machte einen regelrechten Satz nach vorne. Der Hund bellte und zog an der Leine. Otto öffnete die Dose noch einmal. Wieder kam ein Knurren heraus, dann ein Röcheln. Noch ehe das Japsen erklang, eilten Frau von Löwenburg und ihr Zwergenhund davon.

»Sehr gut«, sagte mein Bruder zufrieden. »Die überlegt es sich gut, ob sie unseren Garten wieder als Hundeklo benutzt!«

Am Nachmittag ist dann nichts schnarchdosenmäßiges mehr passiert. Wir haben unsere Hausaufgaben gemacht und nachmittags noch mit Oma Kuchen gegessen. Nachdem Mama und Papa von der Arbeit nach Hause gekommen waren, ist Oma wieder gefahren.

Am Abend tat Otto sehr müde. Er meinte, er hätte so einen anstrengenden Tag gehabt und würde sicher sofort einschlafen. Mama war das recht.

»Dann mach dich am besten gleich bettfertig«, sagte sie.

Otto sah mich an. »Bist du auch so müde?«, fragte er mich.

Ich nickte vorsichtshalber.

Dann sagten wir »Gute Nacht« und verschwanden in unserem Zimmer.

»So«, sagte Otto. »Heute bleiben wir mal richtig lange auf. Und es wird uns bestimmt niemand stören.«

Er holte die Schnarchdose unter seinem Bett hervor, wickelte sie aus und öffnete den Pappdeckel. Omas Knurren kam heraus. Dann ihr Röcheln. Und schließlich ihr Japsen.

»Cool!«, rief ich. »Wenn die das Schnarchen hören, denken sie, wir schlafen tief und fest!«

»Eben«, sagte Otto. »Hilf mir mal!«

Wir zerrten die Kiste mit den Lego-Steinen aus dem Schrank und bauten bis nach elf.

Am nächsten Morgen waren wir hundemüde.

»Das ist aber eigenartig, ihr wart doch so früh im Bett«, wunderte sich Mama.

»Och«, sagte ich. Otto sagte gar nichts. Er war so zerstreut, dass er sogar vergaß, die Schnarchdose in seinen Ranzen zu packen.

Als wir nachmittags nach Hause kamen, war unser Zimmer pikobello aufgeräumt. Uns schwante nichts Gutes.

Und richtig: die Schnarchdose war weg. Mama erschien in der Tür. Sie erzählte, Frau von Löwenburg hätte heute geklingelt und sich über Otto und

mich beschwert. Wir hätten ihren Hund so sehr erschreckt, dass der sich nicht mehr vor die Tür
traue.

»Wir???«, fragte Otto entrüstet.

Mama sah ihn prüfend an. Dann antwortete sie:
»Frau von Löwenburg musste zugeben, dass sie
keinen von euch gesehen hat. Und ich habe ihr gesagt, dass ihr es gar nicht gewesen sein könnt, da
ihr am frühen Nachmittag für gewöhnlich im Hort
seid.« Sie wandte sich zum Gehen, dann drehte sie
sich nochmal um. »Mit alten Konservendosen soll-
tet ihr übrigens nicht spielen. Daran kann man
sich verletzen.« Dann ging sie in die Küche. Die
Schnarchdose haben wir nie mehr gesehen.

Schluppi ist weg

Lara schläft für gewöhnlich abends gut ein. Sie braucht bloß ihre Gute-Nacht-Geschichte, ihr Bärenkissen und ihr Schluppi, dann gibt es überhaupt gar keine Probleme. Auch an jenem Abend kuschelte sich Lara gemütlich auf ihr Bärenkissen, gerade hatte sie eine schöne Gute-Nacht-Geschichte gehört, jetzt brauchte sie nur noch ihr …

»Schluppi? Schluppi … wo bist du? MAMA!!!«

Das hier ist die Geschichte, als Lara ihr Schluppi nicht gefunden hat. Laras Schluppi ist so eine kleine zipfelbemützte Puppe aus Stoff mit einem langen, ehemals weißen Kleidchen. Schluppi hat mal ein Gesichtchen gehabt, fein mit einem dünnen Stift aufgemalt, aber jetzt gibt es kein Gesichtchen mehr, sondern nur noch ein großes Loch, durch das die weiße Watte-Füllung herausquillt. Damit es nicht noch weiter kaputt geht, hat Mama ein Pflaster über das Loch geklebt. Lara findet die Idee gut, auf dem Pflaster sind Bären drauf.

Lara krabbelte nun also auf allen Vieren über ihre Matratze und suchte. Mama kam und suchte mit. Vergeblich.

»Wo hast du es denn heute gehabt?«, fragte Mama.

Lara wiegte den Kopf. In der Küche? Im Bad? Im Wohnzimmer? Mama schaute überall. Kein Schluppi weit und breit.

»Lara, wie oft habe ich dir eigentlich schon gesagt, dass du das Schluppi im Bett lassen sollst?«, seufzte sie.

Lara antwortete nicht. Sie saß auf dem Sofa und heulte. »Schluppi!«, brüllte sie. »Schluppi!!!«

Papa kam aus der Küche, wo er gerade abgewaschen hatte.

»Lara, sei still!«, blaffte er. »Du weckst Timmi auf!«

»Aber mein Schluppi ist weg!«, schluchzte Lara.

»Oh nein! Wie oft habe ich dir eigentlich schon gesagt, dass du auf deine Sachen aufpassen sollst!« Dann begann er zu suchen. Im Wohnzimmer. Im Bad. In der Küche. Er fand Timmis Lieblingsschnuller hinter der Heizung. Er fand Jonas' Fußballflummi auf dem Schrank vor den CDs. Er fand Mamas Armbanduhr hinter dem Trockner. Was er nicht fand, war Schluppi.

»Lara, hast du das Schluppi heute mit in den Kindergarten genommen?«, fragte Papa schließlich.

Lara hielt augenblicklich inne, mitten im Gebrüll. Langsam nickte sie.

»Dann liegt es da noch«, sagte Mama.

»Oder irgendwo unterwegs auf der Straße«, ergänzte Papa.

»Neiiin!!!« schrie Lara erschrocken und sprang auf. Dann setzte sie sich wieder und heulte wie ein Wolf. Mama sah Papa an.

»Würdest du …?«

Papa stöhnte. Das letzte, auf das er jetzt Lust hatte, war ein Spaziergang zum Kindergarten. »Lara, ich mach das jetzt zum letzten Mal!« Dann zog er sich Schuhe und Jacke an und verließ die Wohnung.

Mama fing an, die Sofakissen, die Bücher und die Wolldecken, die im Zuge der Schluppi-Suche auf dem Wohnzimmerteppich gelandet waren, wieder aufzusammeln. Lara wimmerte weiter leise vor sich hin.

Dann ging die Kinderzimmertür auf. Jonas kam heraus. Er hatte mit Kopfhörern in seinem Bett gelegen und »Harry Potter« gehört. Er ging zu Lara und hielt ihr etwas unter die Nase.

»Guck mal, was ich gefunden habe!«, sagte er.

»Schluppi!«, rief Lara, grapschte sich das Püppchen und verschwand damit augenblicklich in ihrem Bett.

»Wo war das denn?«, fragte Mama verblüfft.

»Hab drauf gelegen«, sagte Jonas. Mama sagte nichts mehr.

Als Papa nach Hause kam, schlief Lara schon.

Schlaf, Kindlein, schlaf

Schlaf, Kindlein, schlaf.
Heut bin ich gar nicht brav.
Ich hab noch gar kein Träumelein,
dabei ist's schon nach neun – oh nein!
Schlaf, Kindlein, schlaf.

Schlaf, Kindlein, schlaf.
Ich tu, was ich nicht darf.
Ich ess' noch schnell ein Pfläumelein,
die Mutter schimpft im Räumelein.
Schlaf, Kindlein, schlaf.

Schlaf, Kindlein, schlaf.
Ich wär so gern ein Schaf.
Dann stünd ich unterm Bäumelein,
den Krach tät ich versäumelein.
Schlaf, Kindlein, schlaf.

Als Papa einmal Schmopfkerzen hatte

Wir hatten uns auf einen gemütlichen Abend mit Papa gefreut. Er hatte versprochen, Popcorn zu machen und mit uns einen Film anzuschauen. Aber dann sind wir nachmittags auf die Kirmes gegangen. Und der Abend verlief ganz anders.

»**Pho**sie, du kannst schon mal die **Pl**erd**h**atte **sch**analten und die **K**ais**m**örner aus dem **Schr**ängehank **loh**en!« sagte Papa, als er in die Küche kam.

Ich prustete los.

»Wie bitte?«, fragte ich.

Papa ist nicht der Geduldigste. Wenn man seinen Anweisungen nicht gleich folgt, schlägt das auf seine Laune.

»Mensch **Ph**o**s**ie, kannst du nicht **hu**z**ö**ren? Ich hab **se**g**a**gt, du sollst die **Pl**erd**h**atte **m**a**n**achen und die **K**ais**m**örner lohen!«

Ich unterdrückte ein Lachen und nickte. Ich hatte jetzt verstanden, was ich tun sollte. Da kam Maja in die Küche. »Sophie, wann gibt's Popcorn?«, fragte sie.

»Zu**e**ller**a**rst ziehst du mal dein **H**acht**n**emd an, gehst ins **Z**ade**b**immer und wäschst dir das **Se**g**i**cht!«, befahl Papa.

Maja platzte los. »Was ist denn mit dir los?«

Papa runzelte die Stirn. »Was meinst du **ma**d**i**t?«, fragte er.

»Du redest so komisch!«, kicherte Maja.

Die Stimmung drohte zu kippen, das merkte ich.

»Komm Maja, schlüpf in dein Nachthemd und wasch dich«, sagte ich. »Papa und ich machen in der Zwischenzeit das Popcorn.«

Maja trollte sich.

Ich wollte die Maiskörner aus dem Hängeschrank holen, aber da waren keine.

»Wo ist denn der Mais?«, fragte ich vorsichtig. Papa war gerade dabei, die Schublade mit den Töpfen auszuräumen.

»**Sch**ahr**w**einlich dort, wo der **gr**ittel**m**oße Topf hin ist«, knurrte er schließlich.

Ok, dachte ich, kein Mais, kein Topf – das war's dann mit dem Popcorn. Unter normalen Umständen hätte ich das schade gefunden. Aber jetzt machte ich mir mehr Gedanken um Papa. Nachmittags auf der Kirmes waren er und Maja mit einem Karussell gefahren, das sich »Superschüttler« nannte. Sie waren dabei ganz schön durcheinandergewirbelt worden. Maja hatte gelacht, als sie runterkamen, Papa nicht. Seitdem tat sein Kopf weh.

Papa ließ sich auf den Küchenstuhl plumpsen und stöhnte: »Diese **Schm**opf**k**erzen! Ich **b**lau**g**e, ihr müsst euch den **Fiel**s**p**ilm ohne mich **sch**anauen.«

Er tat mir leid. Ich lief ins Bad und holte ihm einen kalten Waschlappen, den er sich an die Stirn hielt.

»**Kand**e für den **L**asch**w**appen, **Ph**os**i**e«, sagte er, »das tut gut!«

Dann gingen wir ins Wohnzimmer, wo Papa den Fernseher anschaltete. Maja setzte sich neben mich aufs Sofa.

»Ich wünsch euch viel Vergnügen!«, sagte Papa.

Ich schaute ihn überrascht an. Der Satz hatte ja ganz normal geklungen!

»Ich geh schon mal ins **Zafschl**immer und leg mich hin«, fuhr er fort. »Wenn der Spielfilm zu Ende ist, putzt ihr euch bitte im Badezimmer die Zähne. Und dann ab ins Bett!«

»Ja«, antworteten Maja und ich im Chor. Ich war erleichtert. Die Nebenwirkungen des Superschüttlers schienen nachzulassen.

Papa schlurfte davon.

Am nächsten Morgen beim Frühstück fragte Mama, wie der Abend gewesen sei.

»Ich kann mich an fast nichts erinnern«, gab Papa zu. »Ich hatte solche Kopfschmerzen!«

Ich sagte nichts.

Dann meldete sich Maja: »Kann ich mal bitte die **D**utter**b**ose haben und das **Gl**utella**n**as?«

Der fünfeinhalbte Stock

Ein Kleiderschrank ist eine prima Sache. Man kann alles reinwerfen, dann Tür zu, und schon ist aufgeräumt. Man kann sich toll drin verstecken. Und man kann ihn als Aufzug benutzen. Das hat Clara allerdings erst vor Kurzem bemerkt.

Mama hatte das Kinderzimmer schon eine Weile verlassen. Clara lag immer noch mit offenen Augen im Bett. Sie konnte einfach nicht einschlafen. Es war so dunkel!

Clara war ein bisschen unheimlich zumute. Was, wenn plötzlich ein Gespenst neben ihr auftauchte?

Hatte sie da nicht ein Rumpeln gehört? Clara zog sich die Bettdecke bis zur Nasenspitze. Da ertönte ein »Bling!« und die Kleiderschranktür öffnete sich. Clara wagte nicht, sich zu rühren. Eine Gestalt, in etwa so groß wie sie, trat heraus. Oder

viel eher: Sie hopste! Was hatte sie denn da langes auf dem Kopf? Ohren?

»Mist!«, sagte die Gestalt. »Wieder falsch!«

Sie wollte sich umdrehen. Dabei stieß sie mit ihrem übergroßen Fuß an Claras Taschenlampe, die auf dem Fußboden herum lag. Auf einmal war es hell und Clara erkannte … einen riesigen Hasen. Der blinzelte ins Licht. Als er Clara im Bett liegen sah, sagte er: »'Tschuldigung, wollte eigentlich nicht zu dir. Der Aufzug ist kaputt.«

Clara mochte Hasen. Und auch wenn dieser hier etwas größer war als gewöhnlich, hatte sie überhaupt keine Angst mehr.

»Welcher Aufzug?«, fragte sie.

»Na, der hier!«, antwortete der Hase und zeigte auf Claras Kleiderschrank. »Ich wollte eigentlich zu Familie Igel in den fünfeinhalbten Stock. In welchem Stock bin ich gelandet?«

»Im fünften«, sagte Clara. Von einem fünfeinhalbten hatte sie noch nie gehört.

»Die Igel kenne ich seit einem Wettrennen vor einigen Jahren. Sind nette Leute! Jetzt hat ihr ältester Sohn bei den iglympischen Spielen eine Goldmedaille gewonnen. Das feiern sie und ich bin eingeladen.« Der Hase wandte sich zum Gehen.

»Halt!«, rief Clara. »Ich will mit!«

Sie stand auf und lief im Nachthemd zu dem Riesenhasen, der bereits im Kleiderschrank, äh, Aufzug stand.

»Von mir aus«, sagte der Hase und schloss die Tür.

Plötzlich hingen im Schrank keine Kleider mehr. Stattdessen baumelte eine kleine Laterne von der Decke. In ihrem schummrigen Licht erkannte Clara mehrere Knöpfe an der Wand. Der Hase patschte mit seiner riesigen Pfote auf die Knopfreihe. Drei Knöpfe begannen gleichzeitig zu blinken. Es rumpelte.

Clara hielt sich an einem kleinen Griff fest, der neben der Tür angebracht war. Plötzlich vernahm sie wieder dieses »Bling!« und das Rumpeln hörte auf.

Der Hase öffnete die Tür. Sie sahen in eine Küche. Am Tisch saßen zwei große und drei kleine Füchse. Sie hatten sich Servietten um den Hals gebunden und in den Händen hielten sie je ein Messer und eine Gabel. Sie starrten Clara und den Hasen an.

Da rief der Kleinste: »Hm, lecker! Nachtisch!« Und sprang auf.

Schnell machte der Hase die Tür zu und noch ehe Clara etwas sagen konnte, hatte er wieder mehrere Knöpfe auf einmal gedrückt. Es rumpelte.

»Puh!«, stöhnte er. »Das war knapp. Fast wären wir auf den Tellern der Füchse gelandet.«

»Wie kann das sein?«, fragte Clara.

»Ich sag ja: Der Aufzug ist kaputt. Familie Fuchs wohnt im viereinhalbten Stock. Wir sind in die falsche Richtung gefahren.«

»Hmmm.« Clara überlegte. Dann sagte sie: »Vielleicht solltest du versuchen, immer nur EINEN Knopf zu drücken.«

»Bling!«

Clara spürte, wie sie stehen blieben. Als der Hase die Tür öffnete, erblickten sie die kräftigen Balken des Dachstuhls. Eine Eule saß in einem Lehnstuhl und paffte eine Pfeife. Als sie den Hasen und Clara erblickte, weiteten sich ihre Augen.

»Wie schön! Endlich bekomme ich einmal Besuch! Ich weiß nicht, seit wie vielen Jahrzehnten ich schon mit niemandem mehr gesprochen habe!«, krächzte sie.

Der Hase räusperte sich. »Äh, wir wollten eigentlich …« Doch er kam nicht weiter.

»Das hat Zeit!«, unterbrach ihn die Eule.

Sie kam zu ihnen geflattert und zog sie aus dem Aufzug, der bei der Eule der Geschirrschrank war. Dann schob sie die beiden zum Sofa und ehe sie sich versahen, hatte jeder eine Tasse Tee in der

Hand (beziehungsweise in der Pfote). Die Eule rückte ihren Lehnstuhl heran und fing an zu erzählen.

Sie hörte gar nicht mehr auf. Nach einer gefühlten Ewigkeit rutschte sie plötzlich in ihrem Sessel hin und her und sagte schließlich: »Ich muss kurz mal raus für kleine Eulen. Bin gleich wieder da!« Sie erhob sich und verschwand durch eine kleine Tür im Dach.

»Schnell!« Der Hase zog Clara zum Schrank und öffnete die Tür. »Nichts wie weg hier!«

Drinnen sah es wieder aus wie im Aufzug. Diesmal drückte Clara mit ihrem Finger auf den EINEN Knopf, neben dem die Ziffer 5 ½ stand.

Es rumpelte.

»Wenn wir uns noch einmal verfahren, geb ich's auf«, murrte der Hase.

»Wart's mal ab«, sagte Clara.

»Bling!«

Der Hase stieß die Tür auf. Sie blickten in einen großen Raum voller tanzender Igel.

»Endlich!«, seufzte der Hase. »Wir sind richtig!«

Er hopste in die Menge, Clara stolperte hinterher. Die Igel trugen spitze Partyhütchen auf den Köpfen. Manche hatten sich mit bunten Luftschlangen eingewickelt.

»Schön, dass du da bist!«, rief ein älterer Igel mit Brille und klopfte dem Hasen auf die Schulter. »Ist doch toll, dass mein Ältester in unsere Fußstapfen tritt, was?«

»Absolut«, sagte der Hase. Dann deutete er mit einer Pfote auf Clara. »Hab jemanden mitgebracht.«

Der Igel lachte Clara an und reichte ihr ein Partyhütchen. Dann machten sie alle zusammen eine Polonaise.

Sie feierten die ganze Nacht. Clara war irgendwann so müde, dass sie ein Plätzchen zum Schlafen suchte. Sie entdeckte den offenen Kleiderschrank in der Ecke, voller Jacken und Mäntel. Sie sank hinein und schlief sofort ein.

Am nächsten Morgen wachte Clara auf und wunderte sich. Sie lag in ihrem Zimmer in ihrem Bett. Neben ihrem Bett lag ein zerbeultes Partyhütchen. Die Kleiderschranktür stand offen.

Basteltraum

Im Albtraum gibt es Ungeheuer,
im Wunschtraum gibt es Liebesfeuer,
im Tagtraum ist die Schule aus,
im Lebenstraum baust du ein Haus.

Doch kennst du auch den Abstelltraum?
Steht drin vielleicht ein Tannentraum?
Wer macht davor 'nen Purzeltraum?
Und schwimmt danach im Seifentraum?

Ach, hopsala, man glaubt es Traum:
Ich guck in meinen Koffertraum,
der groß ist wie der Weltentraum:
Der ganz perfekte Lagertraum!

Du siehst, an Träumen gibt es viele,
wenn ich nur mit Wörtern spiele,
find ich sie. Findst du noch mehr?
Denk mal nach. Es ist nicht schwer!

Nachtwanderung zum Küchentisch

Nachtwanderungen sind ja eigentlich was Schönes. Man darf auf sein, wenn alle anderen schlafen. Man kann die Taschenlampe anmachen. Oder sich im Dunklen vorantasten. Aufregend ist das. Aber Mama sieht das anders. Sie hasst Nachtwanderungen. Zumindest solche in der Wohnung.

Es fing damit an, dass Lara in der Nacht aufwachte und Durst hatte. Alles war dunkel, alles war still. Lara sah nichts. Sie hatte keine Ahnung, wie sie ins Bad kommen sollte. Aber sie musste etwas trinken.

»Mama!«

»MAMA!!«

»MAMA!!!«

Die Kinderzimmertür ging auf. Mama stolperte herein. »Was ist denn, Lara?«, fragte sie schlaftrunken.

»Ich hab Durst!«, antwortete Lara. Mama ging wortlos ins Bad, füllte einen Zahnputzbecher mit Wasser und brachte ihn Lara. Lara trank einen winzigen Schluck.

»Neben das Bett stellen!«, befahl sie. Mama gehorchte.

Dann ging Mama wieder zurück ins Schlafzimmer. Lara kuschelte sich auf ihr Bärenkissen. Sie hielt ihre neue Stoffschnecke fest im Arm. Auch der Glubschi-Affe schmuste sich an ihre Wange. Aber wo war jetzt schon wieder das Schluppi? Lara tastete rechts. Lara tastete links. Sie fand nichts.

»Mama!«

»MAMA!!«

»MAMA!!!«

Lara hörte Schritte auf dem Flur. Die Kinderzimmertür ging auf. Mama kam herein. »Ja?«, fragte sie mit fester Stimme.

»Ich find mein Schluppi nicht«, sagte Lara. Mama tastete. Sie fand das Püppchen sofort. Es lag neben Laras Kopf.

»Schlaf jetzt, Lara«, sagte Mama. »Gute Nacht.«

Sie ging zurück ins Schlafzimmer. Lara lag mit offenen Augen im Bett. Sie war jetzt gar nicht mehr müde. Und plötzlich merkte sie es. Ja, es war ein deutliches Gefühl. Sie musste Pipi.

»Mama!«

»MAMA!!«

»MAMA!!!«

In dem Bett über ihr war ein Ächzen zu hören. »Mensch, Lara!«, schimpfte Jonas. »Sei ruhig! Ich will schlafen!«

»Aber ich muss Pipi«, entgegnete Lara.

»Dann geh aufs Klo!«, bellte Jonas.

»Aber es ist so dunkel!« Lara spürte wie ihr die Tränen kamen. Wo blieb Mama nur.

»MAMA!!!«

Die Kinderzimmertür ging auf. »Lara!« Mamas Stimme klang jetzt gar nicht mehr freundlich. »Von deinem Geschrei werden alle wach!«

»Genau!«, sagte Jonas.

»Aber ich muss Pipi!«, heulte Lara. Mama machte im Flur das Licht an. Sie half Lara aus dem Bett und begleitete sie ins Bad.

Da ging nebenan die Sirene los. Nein, es war nur Timmi. »Mama!«, brüllte er. »MAMA!!!«

»Da hast du's!«, zischte Mama. Sie lief rüber ins Schlafzimmer. Timmi stand im Bett.

»Aufstehn!«, rief er. Mama guckte auf die Leuchtziffern des Weckers. Es war zehn nach vier. Sie gab Timmi den Schnuller und das Kuscheltuch. Er ließ sich zurück auf die Matratze plumpsen.

Dann ging Mama zu Lara ins Bad. »Bist du fertig?«, fragte sie. Lara nickte und rutschte vom Klo. Mama schaute in die Schüssel. Das Wasser war klar.

»Jetzt aber ab ins Bett. Ich will nichts mehr hören!«, befahl Mama. Lara huschte ins Kinderzimmer. Da erklang ein Scheppern.

»Iiihh, alles nass!«, quietschte Lara.

Jonas stöhnte. Lara hatte mit dem Fuß den halbvollen Wasserbecher umgestoßen.

»Mensch, Lara!« Mama war jetzt ziemlich wütend. Lara merkte das. Aber sie konnte doch nichts dafür! Der Becher hatte halt so blöd da gestanden.

»Manno!«, rief sie laut. Mama kam mit dem Putzlappen und wischte die Pfütze auf. Auf dem Rückweg zur Tür stieß sie mit dem Zeh gegen die Leiter des Stockbetts. Sie jaulte auf.

»Nur deinetwegen, Lara!«, blaffte Jonas von oben. Lara schluchzte. Mama humpelte in die Küche.

Da kam Papa.

»Was ist denn hier los?«, fragte er.

Lara legte sich hin. Papa setzte sich zu ihr ans Bett und streichelte ihr über den Kopf.

»Mama hat sich den Fuß gestoßen«, erklärte Jonas. Lara machte die Augen zu.

Papa stand auf. »Schlaft jetzt«, sagte er und verließ das Kinderzimmer. Alles blieb ruhig. Dann ging er zu Mama in die Küche.

»Bist du ok?«, fragt er.

Mama nickte. Sie hatte sich einen Tee gekocht. Papa schlurfte zurück ins Schlafzimmer.

Als Lara am nächsten Morgen aufwachte und in die Küche kam, musste sie sich sehr wundern. Da saß Mama zusammengesunken auf dem Stuhl. Auf dem Tisch lag die ausgebreitete Zeitung. Darauf stand die halbvolle Teekanne. Und daneben lag Mamas Kopf. Sie schlief.

Der
Gummiräuber

Rums. Polter. Schepperdibumm! Mona schreckte hoch. Was war das? Sie lauschte. Waren Mama und Papa noch wach? Mona knipste ihre Nachttischlampe an und sah auf die Uhr. Es war zehn vor drei, mitten in der Nacht. Mama und Papa lagen sicher längst im Bett.

Mona stand auf und verließ leise ihr Zimmer. Die Geräusche kamen aus der Küche nebenan. Mona schlich hin und legte ihr Ohr an die Tür. Sie hörte ein Rascheln.

Vorsichtig drückte sie die Klinke herunter und lugte durch den Spalt. Vor dem großen Regal stand ein Stuhl. Auf dem Stuhl lag Papas dickstes Kochbuch. Und auf dem Kochbuch schwankte eine Gestalt auf Zehenspitzen. Sie kehrte Mona den Rücken zu und trug einen schwarz-weiß geringelten Pullover, eine schwarze Hose und eine schwarze

Mütze. Sie streckte sich, der Stuhl wackelte. Schließlich berührte sie mit ihren Fingern das Süßigkeitenglas, das ganz oben auf dem Regal stand.

»Aaaahh!«

Der Stuhl kippte. Das Glas, das Kochbuch und die Gestalt krachten auf die Fliesen. Dort lagen bereits die Scherben der Müslischalen, die weiter unten im Regal gestanden hatten.

»So ein Mist, so ein blöder!«

Die Gestalt schlug mit der Faust auf den Boden. Dann blickte sie auf. Mona sah in das von Bartstoppeln übersäte Gesicht eines Mannes. Seine Augen waren halb verdeckt von einer merkwürdig aussehenden schwarzen Brille. Um den Hals trug er ein Band, an dem eine Wasserpistole baumelte.

»Hilfe! Ich bin entdeckt!«, rief der Mann.

Mona machte einen Schritt auf ihn zu. Der Mann zuckte zurück.

»Wer bist *du* denn?«, fragte Mona.

Der Mann rückte seine schwarze Brille gerade und Mona erkannte, dass sie aus Lakritzschnecken bestand.

»Manno!«, blaffte er. »Erst mich erschrecken und dann nicht wissen, wer ich bin.« Er funkelte Mona an. Dann räusperte er sich. »Ich bin der Gummiräuber. Ich stehle Gummibonbons.« Er blickte auf den Boden und sammelte die wenigen Gummibärchen ein, die dort verstreut lagen. Dann wandte er sich wieder an Mona: »Ist das alles, was ihr habt?«

Mona nickte. Sie deutete auf den Obstkorb. »Wenn du was Süßes willst, nimm einen Apfel!«, sagte sie.

»Apfel???« Der Mann verzog sein Gesicht. »Willst du mich vergiften?«

»Nein«, sagte Mona. »Äpfel sind auch süß. Und sehr gesund, sagt mein Papa.«

»IGITT!«, rief der Räuber. Dann stand er auf. Langsam ging er auf Mona zu. Dicht vor ihr blieb er stehen. »Sei ehrlich«, raunte er. »Magst du Äpfel?«

Mona zuckte mit den Schultern. »Ja… schon«, sagte sie schließlich. »Aber Bonbons mag ich lieber.«

»Ha!«, rief der Räuber und sprang in die Luft. »Wusste ich's doch!«

»Was wusstest du?«, fragte Mona.

»Dass ihr das nicht freiwillig macht«, antwortete der Räuber.

»Was?«, fragte Mona. »Wer?«

»Na, ihr Kinder. Dass ihr nicht freiwillig auf Süßigkeiten verzichtet. Ich frag mich schon seit 'ner Weile, wieso es in den Wohnungen kaum noch Bonbons gibt. Ob ihr keine mehr mögt. Aber jetzt weiß ich's: Ihr werdet gezwungen, stattdessen Äpfel zu essen. Stimmt's?« Der Räuber nahm seine Lakritzbrille ab und biss hinein.

Mona wiegte den Kopf. »Na ja«, erwiderte sie. »So würde ich das nicht sagen.«

»Aber ich!«, rief der Räuber. »Und deshalb musst du was unternehmen! Terror machen. Dich an der Kasse im Supermarkt auf den Boden schmeißen. Dich mit andern Kindern zusammentun. Und einen Aufstand machen. Einen Süßigkeiten-Aufstand!«

Mona zog die Brauen hoch. »Damit du uns dann später alles wieder wegschnappst oder wie?«

Der Räuber wurde rot.

»Ich weiß Bescheid über Räuber«, erklärte Mona. »Die sind gemein.«

Die Augen des Räubers füllten sich mit Tränen. Seine Lippen zitterten.

»War doch nicht böse gemeint«, beeilte sich Mona zu sagen. Dann überlegte sie. »Ich hab eine Idee, wie du an Süßigkeiten rankommst. Und ich gleich mit dazu.«

Der Räuber blickte auf. »Wirklich?«, fragte er und wischte sich mit dem Ärmel die Nase ab.

»Ja«, antwortete Mona. »Du meintest doch eben, ich soll mich mit anderen Kindern zusammentun.«

»Genau«, bestätigte der Räuber.

»Das werde ich tun!«, rief Mona. Sie machte eine kleine Kunstpause. Und dann platzte es aus ihr heraus: »Ich mach einen Räuber-Verleih auf! Für Kindergeburtstage!«

»Kindergeburtstage?«, fragte der Räuber verständnislos.

»Ja! Jeder will doch was Cooles erleben an seinem Geburtstag. Was gibt es cooleres als einen echten Räuber als Gast?«

»Nichts«, sagte der Räuber. Seine Miene hellte sich auf.

»Eben«, fuhr Mona fort. »Und anstatt mit Geld zahlen die Kinder mit Süßigkeiten. Davon gibt es an Geburtstagen ja eine Menge. Später machen wir beide dann Halbe-Halbe.«

»Ha!« Der Räuber klatschte in die Hände. Dann hielt er inne und legte die Stirn in Falten. »Gute Idee«, sagte er langsam. »Nur… dann bin ich ja gar kein richtiger Räuber mehr. Räuber müssen doch stehlen!«

Mona dachte nach. »Du kannst ja ruhig mal ein Kuchenstück stibitzen oder so. Da sagt keiner was.

Die Leute wissen ja, dass sie es mit einem echten Räuber zu tun haben.«

Der Räuber lachte zufrieden. »So machen wir's.« Dann fasste er sich an den Bauch. »Mein Magen knurrt«, sagte er. Er schielte auf den Korb mit den Äpfeln. »Kann ich vielleicht doch mal einen probieren?«

Das Gespenst im Oldtimer

Ich hatte eigentlich nie etwas mit dem Gespenst zu tun gehabt. Ich meine, ich wusste, dass es da war und auf dem städtischen Schrottplatz in einem Oldtimer wohnte. Aber das wusste jeder und deshalb war das nichts Besonderes, das Gespenst und mich betreffend. Ich wusste, es gab eine Sonderregelung, dass niemand den Oldtimer verschrotten durfte, damit das Gespenst dort einen Platz hat. Denn schließlich hatte der Bürgermeister vor vielen Jahren das Schloss abreißen lassen, wo das Gespenst ursprünglich gewohnt hatte. Und weil es dann heimatlos in der Gegend rumgeschwebt war und ständig irgendwelche Vorgärten vernebelt hatte, war jemand vom Stadtrat auf die Idee gekommen, das Gespenst könne doch auf den Schrottplatz in ein altes Auto ziehen. Und so kam

es dann auch. Aber das wusste ich nur aus Erzählungen.

Doch dann bin ich eines Morgens ganz früh aufgewacht, weil vor unserem Haus die Sirene eines Polizeiautos heulte. Ich hab aus dem Fenster geguckt und erst mal gestaunt. Da parkte quer auf der Straße vor unserem Haus ein altes Auto. Ein uraltes. So ein kastenförmiges, ohne Kopfstützen an den Sitzen. Davor, am Straßenrand, standen ein verbogenes Schild und ein stark verbeulter Transporter mit einem fremden Nummernschild. Ich hab mich schnell angezogen und bin nach draußen gerannt.

Ich sah: Einen dünnen Mann in Polizeiuniform *neben* dem Kastenauto, einen dicken Mann mit Schiebermütze *vor* dem Kastenauto und einen weißen Nebel *im* Kastenauto.

Der dicke Mann schimpfte: »Ich bin vom Film! Ich habe empfindliche Gegenstände dabei! Wo ist der Fahrer dieser uralten Kiste? Ich hoffe, er hat eine gute Versicherung!«

Der Polizist antwortete freundlich: »Ich fürchte, der Fahrer hat keine Versicherung.« Er deutete auf den weißen Nebel. »Das ist jetzt schon das dritte Mal. Vor einer Woche stand der Wagen früh um halb sieben an der großen Kreuzung im dicksten

Parkverbot. Und vor 14 Tagen mussten wir ihn morgens vom Spielplatz abschleppen lassen, weil er im Sandkasten parkte.«

Der Dicke schien leicht verwirrt. »Wie bitte?«, fragte er.

Der Polizist erklärte: »Sie müssen wissen, wir haben hier in der Stadt ein Gespenst, das wohnt in einem Oldtimer. Und der Oldtimer steht auf dem Schrottplatz.« Er zeigte auf das Kastenauto. »Also eigentlich. Im Moment gerade nicht.«

Der Dicke machte große Augen. »Wollen Sie mich vergackeiern?«, rief er. »Sie wollen mir doch nicht erzählen, ein Gespenst hat die alte Kiste heute Nacht durch die Stadt gelenkt und ist dann in meinen Transporter gekracht?«

»Sieht ganz danach aus«, sagte der Polizist. Er drehte sich wieder zu dem Oldtimer um. »Wenn ich nur wüsste, wie man Kontakt zu ihm aufnimmt ...«

»Hauptsache, ich kriege eine Entschädigung!«, blaffte der Dicke. »Von wem ist mir egal.« Er verschränkte die Arme. »Ich habe eine Kamera dabei, Scheinwerfer, Nebelmaschine! Wenn etwas davon kaputt gegangen ist, kostet das!«

»Tja«, sagte der Polizist. Er versuchte, die Fahrertür des Kastenautos zu öffnen, aber sie war verschlossen. Er klopfte an die Scheibe, nichts rührte sich. Dann sah er mich und winkte mich zu sich her.

»He, du!«, rief er. »Kennst du dich aus mit Gespenstern?«

Ich schüttelte den Kopf. Doch da fiel mir was ein. Ich kramte in meiner Jackentasche und tatsächlich fand ich da noch dieses kleine Wackelskelett aus Gummi, das ich vor ein paar Tagen auf dem Schulhof gefunden hatte. Ich lief zu dem Polizisten und hielt das Gerippe an die Scheibe. Der Nebel im Inneren des Autos bewegte sich und wir hörten ein *Klick*. Die Fahrertür sprang auf. Wir starrten in das Innere des Wagens. Man konnte nicht viel erkennen. Plötzlich verspürte ich einen unwiderstehlichen Drang, mich auf den Fahrersitz zu setzen. Kaum hatte ich das getan, schloss sich die Tür.

Der Nebel war warm und irgendwie gemütlich.

»Hallo, bist du ein Kind?«, vernahm ich auf einmal ein dünnes Stimmchen. Ich drehte mich um, aber da war niemand. Langsam antwortete ich: »Ja-a.«

Ich hörte etwas, das wie ein Aufatmen klang. Dann kam wieder das Stimmchen: »Ein Glück. Endlich jemand, mit dem man vernünftig reden kann.«

Ich schluckte. Dann fragte ich vorsichtig: »Über was willst du denn reden?«

Es war eine Weile still. Dann sagte das Stimmchen: »Ich langweile mich so. Immer in diesem engen Auto, ohne Gruft und ohne Keller. Das ist total öde.«

»Hast du deshalb heute Nacht eine Runde mit dem Oldtimer gedreht?«, fragte ich.

»Ja«, antwortete das Stimmchen. »Irgendwie muss ich mich ja beschäftigen. Außerdem ist es so einsam da draußen! Früher ins Schloss kamen immer viele Leute zur Besichtigung. Aber zum Schrottplatz kommt niemand.«

Noch während das Gespenst sprach, war der Nebel um mich herum bedeutend dichter geworden. Als ich meine Hände vors Gesicht hielt, sah ich nur weiß. »Was machst du denn da?«, fragte ich.

»Och, das habe ich geübt«, antwortete das Gespenst. »Ich kann Nebel machen in allen Abstufungen. Von leichtem Dunst bis richtig dicken weißen Wolken – toll, oder?«

Ich nickte. Da kam mir eine Idee. »Lässt du mich mal raus?«, fragte ich.

Es klickte. Die Tür sprang auf. Der Polizist und der dicke Mann standen immer noch da. Ich wandte mich an den Dicken. »Haben Sie eben was von Nebelmaschine gesagt?«

Der schaute mich verblüfft an. »Ja, habe ich«, sagte er. »Sind ganz empfindliche Dinger! Wenn meine kaputt gegangen ist, dann …«

»Vergessen Sie Ihre Nebelmaschine«, unterbrach ich ihn. »Ich hätte hier ein 1-A-Gespenst, das macht Ihnen Nebel in allen Schattierungen. Und geht garantiert nicht kaputt. Einzige Bedingung: Sie müssen es mitnehmen an jedes ihrer Filmsets, auch wenn Sie mal keinen Nebel brauchen. Sonst wird ihm langweilig.«

Der Mann mit der Schiebermütze kratzte sich am Kopf. Dann kam er näher und winkte mich aus dem Wagen. Vorsichtig setzte er sich auf den Fahrersitz und schloss langsam die Tür. Von außen sah ich, wie er die Lippen bewegte. Würde das Gespenst zu ihm Vertrauen fassen?

Der Mann war verstummt. Ich beobachtete, wie der Nebel im Auto dichter wurde und dann plötzlich abflaute und nur noch ein ganz leichter Dunst zu erkennen war. Der Mann klatschte in die Hände und öffnete die Tür. »Gebongt! Euer Gespenst hat einen Job!«

»Juchu!«, rief ich. Auch der Polizist war erleichtert, weil es in Zukunft keine morgendlichen Vorfälle mehr mit vernebelten Oldtimern geben würde. Als ich mich nochmal kurz in den Wagen setzte, um dem Gespenst Lebewohl zu sagen, spürte ich wieder diese Wärme. Mir war fast ein bisschen traurig zumute. Jetzt hatte ich mich gerade mit dem Gespenst angefreundet und nun würde es die Stadt verlassen.

Da hörte ich das feine Stimmchen: »Danke«, flüsterte es. »Das war eine großartige Idee von dir!« Der Nebel um mich herum verdichtete sich und nahm eine blassrosa Farbe an. Es fühlte sich an, als ob einen jemand umarmte.

»Wenn du mich mal wiedersehen magst, musst du nur ganz fest an mich denken. Dann komme ich augenblicklich zu dir«, sagte das Gespenst. »Es sei denn, ich muss gerade eine wichtige Filmszene vernebeln.«

Ich lachte. »Abgemacht!«, rief ich. Dann öffnete ich die Tür.

Nachtdienst

Isch, Igall und Rag
laufen durch den Tag.
Sie fühlen sich dabei
irgendwie entzwei.

Doch dann kommt die Nacht.
Und die dockt sich sacht
an die Freunde an.
Es entsteh'n sodann:

Ein Nacht**isch**, außerdem
'ne Nacht**igall** – wie schön!
Und weil er sich nicht hetzt
ein Nacht**rag** ganz zuletzt.

Fridas
Paradies

Fridas Paradies war nicht groß. Nur zwei Zimmer und eine Küche, in der sommers wie winters ein rechteckiger Ringofen bollerte. Ein Bad gab es nicht, dafür aber eine Toilette im Hausflur, eine Treppe höher. Frida liebte ihr Paradies und sie liebte den Menschen, der dort wohnte: Oma Hanne.

Immer, wenn sich Frida abends einsam fühlte, musste ihr Vater sie mit dem Fahrrad die zwölf Kilometer bis zu dem alten Haus von Oma Hanne bringen. Die Fahrt durch Wilhelmshaven war abenteuerlich. Frida saß auf einem kleinen Ledersitz, den ihr Vater auf die Stange seines Herrenfahrrads geschraubt hatte, über den Augen eine Motorradbrille gegen den Wind. Es ging vorbei an den vielen ausgebombten Häusern, deren verwilderte Gärten für Frida eigentlich verboten waren, in

denen sie tagsüber aber dennoch mit Vorliebe um-
herstreunte. Weiter, durch Sibethsburg, den Stadt-
teil mit den Überresten der alten Seeräuberfestung.
Dort war einst Klaus Störtebecker gefangen gewesen, dessen Geschichte Oma Hanne ihr schon oft
erzählt hatte.

Am Ende des Wegs ein Stück Kopfsteinpflaster,
dann die Toreinfahrt hinein. Oma Hanne wohnte
im vierten Stock. Frida rannte in den Hausflur, in
dem es immer ein bisschen nach Linoleum roch.
Die Treppen hinauf, in einem ständigen Wettkampf
mit sich selbst, wie viele Stufen sie schaffen würde,
ehe die Haustür unten mit einem lauten Donnern
ins Schloss fiel.

Oma Hanne gab ihr stets das Gefühl, als hätte sie
auf sie gewartet. Dass es im Winter in ihrem
Schlafzimmer immer sehr kalt war, da es keine Heizung gab, störte Frida nicht. Oma Hanne hatte eine
gute Methode, ihr Bett anzuwärmen. Sie erhitzte
Ziegelsteine im Ofen, wickelte sie anschließend in
Zeitungspapier und legte sie unter die Bettdecke.

Auch sonst machte Oma Hanne einige Dinge, die
Frida von zu Hause nicht kannte. Zum Beispiel
legte sie ihren Wecker abends in eine Porzellan-
schüssel, damit es morgens laut schepperte, wenn
er klingelte. Oma Hanne durfte nicht verschlafen,

denn sie musste Fridas Onkel wecken, der nebenan im zweiten Zimmer der Wohnung wohnte. Er war Maler und wollte immer pünktlich bei der Arbeit sein.

Oma Hanne hatte auch einen Nachttopf unter dem Bett. Den benutzte sie, wenn sie nachts musste, und Frida benutzte ihn ebenfalls. Der Weg bis in den Hausflur zur Toilette sei in der Dunkelheit einfach zu weit, fand Oma Hanne.

Was Frida besonders mochte, waren Oma Hannes lange, weiße Haare. Sie trug sie tagsüber zu einem Dutt aufgesteckt. Abends, nachdem sie die Haarnadeln gelöst hatte, fielen sie ihr bis über den Hintern. Sie ging nie zum Friseur, das wäre zu teuer gewesen. An Festtagen drehte sie sich mit einer Brennschere eine Welle vorne rein.

Wenn Frida neben Oma Hanne im Bett lag, fuhr sie gern mit ihrem Finger die Falten in Oma Hannes Gesicht nach. Sie liebte diese Falten. Die gehörten nur ihrer Oma. Und ein bisschen gehörten sie auch Frida.

»Erzähl mir von früher, Oma!«, forderte Frida sie dann gern auf und Oma Hanne erzählte. Wie sie als Kind immer barfuß gelaufen war, weil es kein Geld für Schuhe gegeben hatte. Oder wie sie mit dem Pferdewagen zu Verwandten übers Watt

zur Insel Langeoog gefahren waren, immer im Wettlauf mit der nahenden Flut. Das war in einer anderen Zeit gewesen, damals hatte noch ein Kaiser in Deutschland regiert. Später hatte Oma Hanne dann in einem Hotel als Weißnäherin die kaputte Bettwäsche gestopft. Und nur eine halbe Stunde Pause am Tag gehabt, in der sie an den Strand gelaufen war, um ihr Brot zu essen.

Die Geschichten waren alle ein bisschen traurig, aber Frida hörte gerne zu. Denn Oma Hanne war jetzt hier bei ihr. Und es ging ihr gut. Und Frida ging es auch gut. Sie wusste, auch sie lebte in einer »schlechten Zeit«, wie ihre Eltern es nannten. Zwar musste sie nicht barfuß laufen. Aber der Krieg hatte viel kaputt gemacht. Sie trug Kleider, die ihre Mutter aus alten Uniformen nähte. Nahrungsmittel wurden getauscht und was man nicht tauschen konnte, gab es nicht. Aber bei Oma Hanne fühlte sie sich wie eine Königin.

Auch wenn sich Oma Hanne mit ihrer kleinen Rente die Miete für die Wohnung vom Mund absparte – ab und zu gab sie Frida 50 Pfennig, für die sie sich dann eine Spitztüte Kirschen kaufte. Überhaupt durfte sich Frida immer aussuchen, was es zu essen geben sollte. Einmal machte Oma Hanne mittags Reibekuchen und Frida vertilgte neun

Stück. Danach konnte sie den ganzen Tag nicht mehr vom Stuhl aufstehen.

Später, als Frida fast erwachsen war, wurde Oma Hanne krank. Fridas Mutter nahm sie zu sich nach Hause.

Frida räumte ihr Bett für Oma Hanne und schlief selbst auf dem Boden. Jeden Tag saß sie viele Stunden neben Oma Hanne und hielt ihre Hand.

Das alles ist lange her. Heute ist Frida selbst eine Oma und hat sieben Enkelkinder. Doch Oma Hanne hat sie nicht vergessen. Manchmal, wenn sie die Augen schließt, riecht sie noch das Linoleum im Flur des alten Wilhelmshavener Hauses. Und spürt die Wärme der Ziegelsteine im Bett. Und hört eine Geschichte von Oma Hanne.

Zirkusdirektors Traum

Beim

1chlafen hatte der Zirkusdirektor

2fel, ob er vor seinem

3ßigsten Geburtstag noch einen talentierten

4beiner finden würde, der

5tonmusik komponiert.

6mal hatte er es schon mit einem versucht, sogar ein

7schläfer war dabei gewesen, doch kein Tier gab

8 auf seine Anweisungen. Anstatt

9malkluge Werke zu verfassen, wackelten sie lieber mit den

10spitzen. Da weinte der Zirkusdirektor

9hundert Tränen in der

N8. Dann packte er seine

7sachen und bestieg einen

6tausender. Dort oben lernte er während des

5uhrtees eine gesprächige Grille kennen.
  Besonders im

4füßlerstand schaute sie ganz musikalisch

3n. Er setzte sie auf einen

2g und da machte sie Musik, die war

1ame Spitze!

Kasperl und die verlorene Spieluhr

Drei lange Nächte war Gretel nun schon wach gewesen. Drei lange Nächte, in denen sie weinend im Bett gelegen hatte und an nichts anderes hatte denken können als an ihre geliebte Spieluhr. Die weg war. Und die sie nie mehr wiederbekommen würde. NIE MEHR! So dachte Gretel zumindest und musste deshalb gleich noch mehr weinen.

Am vierten Tag, als Gretel während des Mittagessens plötzlich mit dem Gesicht in die Suppe fiel, weil sie während des Löffelns eingeschlafen war, fassten Kasperl und Seppel einen Entschluss. Sie mussten diese verflixte Uhr wiederfinden.

Gretel erzählte ihnen, dass sie die Spieluhr am Wochenende mit in den Zoo genommen hatte, um sie ihrem Lieblingstier zu zeigen, dem Krokodil. Irgendwo in der Nähe von dessen Gehege musste sie die Spieluhr dann verloren haben.

»Ich hab schon im Zoo angerufen!«, schluchzte sie. »Der Direktor war dran. Er hat gesagt, dass niemand die Spieluhr gefunden hat!«

Kasperl und Seppel versprachen, sich darum zu kümmern und fuhren zum Zoo. Dort liefen sie zuerst zum Krokodilgehege, um zu schauen, ob die Uhr nicht vielleicht doch noch irgendwo lag. Aber da war keine Uhr. Und ... da war auch kein Krokodil!

»Wir gehen jetzt zum Direktor!«, bestimmte Kasperl.

Sie fanden ihn vor dem Gehege mit den Streicheltieren. Er war gerade dabei, die Schafe zu zählen. Er wirkte etwas abwesend. Kasperl und Seppel fragten, ob er eine rosafarbene Spieluhr gefunden hätte. Keine Reaktion. Dann erzählten sie, dass das Krokodil verschwunden war. Jetzt schluchzte der Zoodirektor laut auf.

»Ja, es ist weg!«, wimmerte er. »Nie hätte ich das von ihm gedacht!« Er wandte sich ab. Seine Schultern zuckten.

»Upsi«, flüsterte Seppel. Der Direktor schien das Krokodil ja sehr lieb gehabt zu haben. Kasperl überlegte. Das Krokodil war weg. Die Spieluhr ebenfalls. Das konnte nur bedeuten: Das Krokodil war ausgebüxt. Und es hatte die Spieluhr gefressen. Von Gretel wusste Kasperl, dass das Krokodil immer Hunger hat.

»Wir fahren zum Waldsee«, beschloss er. »Ein Krokodil will ans Wasser.«

Die beiden nahmen die nächste U-Bahn Richtung Waldsee. Dort angekommen, sahen sie von weitem etwas Großes, Grünes in den Wellen treiben.

»Das Krokodil!«, rief Kasperl und rannte los. Seppel stolperte hinterher. Und wirklich: Da dümpelte ein pralles, glubschäugiges Krokodil im Wasser, auf dessen Rücken schwarze Schuppen aufgemalt waren.

Moment.

Aufgemalt?

»Das Ding ist aus Gummi«, rief Kasperl und fing an zu lachen.

»Natürlich ist das aus Gummi, was denkst du denn?«, hörten sie plötzlich eine vertraute Stimme hinter dem Krokodil. Dann ein Prusten. Schließlich kam eine lilafarbene Badehaube zum Vor-

schein und zwei runzlige Arme schlangen sich um den Rumpf des Ungetüms.

»Großmutter!«, riefen Kasperl und Seppel wie aus einem Mund. »Was machst du denn hier?«

»Ich erhole mich«, sagte die alte Dame spitz. »Das darf ich ja wohl auch mal, oder?«

Kasperl und Seppel blickten betreten zu Boden. Erst gestern hatte ihnen Großmutter einen riesigen Pflaumenkuchen gebacken, dann Kasperls Mütze gewaschen und anschließend Seppels Lederhose gebürstet.

»Klaro«, sagte Kasperl und räusperte sich. »Ähm, wir sind auf der Suche nach dem Krokodil aus dem Zoo. Hast du es zufällig gesehen?«

»Nö«, antwortete Großmutter und paddelte ans Ufer. »Ihr wart im Zoo? Wie geht es dem Direktor? Vor zwei Wochen hat er mich angerufen und nach Hausmitteln gefragt, die beim Einschlafen helfen!«

Kasperl und Seppel zuckten mit den Achseln. Die Einschlafprobleme des Zoodirektors waren ihnen ziemlich egal.

Langsam trotteten sie zurück zur U-Bahn. Während der Fahrt lauschten sie dem gleichförmigen Schnarchen der Räder.

Schnarchen?

Kasperl stutzte. Er stand auf und lief ans Ende des Wagens, wo unter den hintersten Sitzen eine geschuppte, grüne Schwanzspitze hervorlugte. Seppel kam hinterher.

»Upsi. Das Krokodil!« Sie beugten sich vorsichtig hinunter und hörten aus dem Inneren seines Mauls eine leise Melodie.

»Aha«, flüsterte Kasperl. »Hatte ich also recht. Zum Glück hat es sie noch nicht heruntergeschluckt.«

»Was jetzt?«, fragte Seppel. »Das beißt uns bestimmt gleich!«

Kasperl betrachtete das Krokodil. Dann sagte er: »Quatsch. Das wacht so schnell nicht auf. Hör doch mal: Die Spieluhr ist kaputt, sie fängt immer wieder von vorne an. Solange die ihr Liedchen dudelt, schläft das Monstrum tief und fest.«

Seppel war beruhigt. Dann gähnte er und sank in den Sitz gegenüber. Kasperl stieß ihn in die Rippen. »Nicht einschlafen! Wir brauchen einen Plan!«

Seppel schreckte hoch. »Das Beste wird sein, wir beide steigen an der nächsten Station aus und laufen ganz schnell nach Hause«, murmelte er.

»Und dann?«, fragte Kasperl.

»Dann können wir Gretel sagen, wo ihre Spieluhr ist. Das wollte sie doch wissen.«

Kasperl verdrehte die Augen. »Wir steigen an der nächsten Station aus, ja.« Seppel lachte zufrieden. »Aber wir nehmen das Krokodil mit!«, fügte Kasperl hinzu. Seppel zuckte zusammen.

»Los!«, rief Kasperl. Er packte das Ungetüm an der Schnauze, Seppel griff es etwas widerwillig am Schwanz. Beim nächsten Halt zogen sie es auf den Bahnsteig. Zum Glück war sonst niemand da. Neben dem Aufzug lehnten zwei herrenlose Skateboards an der Wand.

»Die leihen wir uns mal«, beschloss Kasperl.

Sie hievten das Krokodil auf die Boards und rollten es bis zu sich nach Hause.

Dort legten sie es in die Badewanne. Sie schlugen Gretel vor, die nächste Nacht einfach hier beim Krokodil im Bad zu übernachten, da würde sie die Spieluhr ja gut hören.

»Ihr spinnt wohl«, sagte Gretel. »Ihr habt gesagt, ihr bringt mir meine Spieluhr und jetzt will ich sie auch so haben wie sie war. Ohne Krokodil drumrum.«

Kasperl überlegte. »Wir rufen den Zoodirektor an«, bestimmte er. »Vielleicht hat er ja eine Idee, wie wir das Krokodil aufwecken können.«

Seppel bekam große Augen. »Aufwecken? A-a-aber es schläft doch so schön!«

Kasperl seufzte. »Ja. Aber wir wollen doch die Spieluhr wiederhaben. Dafür muss es wach werden, sonst macht es sein Maul nicht auf.«

Er nahm sein Handy und gab die Nummer des Zoos ein. »Ja?«, meldete sich eine unbekannte Stimme. »Hier spricht der Tierpfleger.«

»Hallo, hier sind Kasperl und Seppel. Wir haben das Krokodil gefunden. Es schläft und es hat Gretels Spieluhr im Maul. Wir wollten den Zoodirektor fragen, wie man es aufweckt.«

Stille. Niemand antwortete.

»Hallo?«, fragte Kasperl. »Sind Sie noch da?«

»Äh, ja. Also den Zoodirektor würde ich an eurer Stelle eher nicht fragen«, sagte der Tierpfleger. »Er war es ja, der Gretel die Spieluhr gestohlen hat.«

Kasperl hielt die Luft an. »Wie bitte?«, rief er.

»Ja«, bekräftigte der Tierpfleger, »er hatte doch so lange nach einem Mittel gesucht, das ihm beim Einschlafen hilft. Als er die Spieluhr gesehen hat, konnte er nicht widerstehen. Aber er hat die Rechnung ohne das Krokodil gemacht.«

»Wieso?«, fragte Kasperl verblüfft. Der Tierpfleger fuhr fort: »Das Krokodil ist vor zwei Tagen mit der Spieluhr abgehauen. Es wollte sie Gretel zurückbringen. Aber es hat wohl nicht damit gerechnet, dass es dabei einschläft. Ihr müsst es kitzeln, dann wird es wach.«

»Danke«, sagte Kasperl und legte auf. Dann erzählte er die ganze Geschichte.

»Upsi«, sagte Seppel. »Da ist der Zoodirektor ja ein ganz schöner Schlingel.«

Gretel schnaubte: »Und zu mir sagt er am Telefon, es sei keine Spieluhr gefunden worden!« Sie lief zur Wanne und kitzelte das Krokodil unter den Armen. Es dauerte nicht lange und es öffnete die Augen.

»Tachchen«, nuschelte es und gähnte. »Gretel, ich hab was für dich.«

Es klappte sein Maul weit auf. Gretel griff beherzt hinein und schnappte sich die Spieluhr. Die war nicht mehr ganz so rosa wie zuvor und sah etwas zerzaust aus. Aber Gretel störte das nicht. Sie lief sofort in ihr Zimmer und legte sich ins Bett.

»Hach«, seufzte das Krokodil. »Ich weiß eben, wie man Frauen glücklich macht.« Dann blickte es auf Kasperl und Seppel. »Und jetzt brauch ich was Anständiges zum Fressen. Holt ihr mal den Zoodirektor?«

JAkob und NEINkob

Den ganzen Tag, von früh bis spät,
sagt Jakob immer »Ja!«
Er ist ein wahres Musterkind
und hört ganz wunderbar.

Doch als er abends schlafen soll,
sagt Jakob plötzlich »Nein!
Vom JAkob hab ich jetzt genug,
ein NEINkob will ich sein!«

Die Eltern finden's unerhört.
Das war Protest – ganz klar!
Drum fragen sie: »Bleibst du noch wach?«
Und Jakob, der sagt »Ja!«

Purzeltraum

Ich fiel heut' Nacht
in meinem Traum
von einem Riesenpurzelbaum.

Heike Nieder wurde 1978 in Wuppertal geboren. Früher konnte sie ziemlich gut schlafen. Aber seit ihre drei Kinder auf der Welt sind, muss sie des Nachts gelegentlich einige ungeplante Nachtwanderungen unternehmen. Tagsüber schreibt sie Geschichten und Gedichte für Kinder. Ansonsten arbeitet sie in Teilzeit als Redakteurin für die Süddeutsche Zeitung. Sie lebt mit ihrer Familie in München.

Katharina Staar wurde 1983 in Melle geboren und studierte Illustration und Kunstpädagogik. Sie lebt und arbeitet als freie Illustratorin in Melle. Ihre Arbeiten wurden mit dem Piepenbrock Kunstförderpreis und dem Ravensburger illu2017 ausgezeichnet. Am allerliebsten illustriert sie Kinderbücher. Um aber nicht den ganzen Tag alleine am Schreibtisch zu sitzen, arbeitet sie regelmäßig als Kunstschuldozentin für Kinder, Jugendliche und auch mal für Erwachsene.